Impressum
Verlag: BABADADA GmbH, Nedderfeld 112 , 22529 Hamburg
Geschäftsführer / Verlagsleitung: Harald Hof
Druck: Books on Demand GmbH, In de Tarpen 42, 22848 Norderstedt

Imprint
Publisher: BABADADA GmbH, Nedderfeld 112 , 22529 Hamburg, Germany
Managing Director / Publishing direction: Harald Hof
Print: Books on Demand GmbH, In de Tarpen 42, 22848 Norderstedt, Germany

sekolah

училище

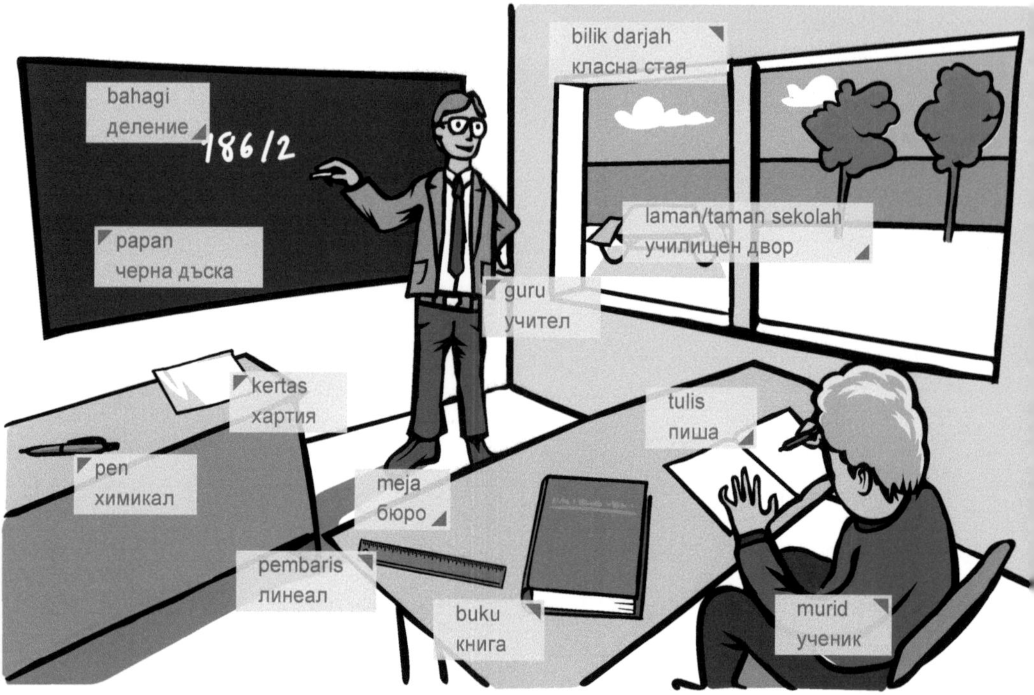
bilik darjah
класна стая
bahagi
деление
186/2
papan
черна дъска
laman/taman sekolah
училищен двор
guru
учител
kertas
хартия
tulis
пиша
pen
химикал
meja
бюро
pembaris
линеал
buku
книга
murid
ученик

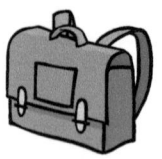

beg galas

ученическа раница

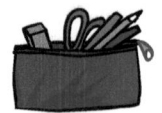

kotak pensel

ученически несесер

pensel

молив

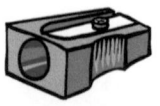

pengasah pensel

острилка за моливи

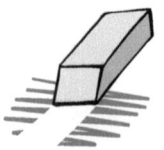

pemadam

гума

kertas lukisan

блок за рисуване

melukis

рисунка

berus lukis

четка

kotak warna

акварелни бои

gunting

ножица

gam

лепило

buku latihan

тетрадка за упражнения

kerja rumah

домашна работа

nombor

число

tambah

събиране

tolak

изваждане

darab

умножение

kira

смятане

huruf

буква

abjad

азбука

kata

дума

teks

текст

baca

чета

kapur

тебешир

pelajaran

час

daftar

дневник на класа

peperiksaan

изпит

sijil

свидетелство

uniform sekolah

ученическа униформа

pendidikan

образование

ensiklopedia

справочник

universiti

университет

mikroskop

микроскоп

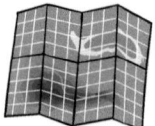

peta

карта

bakul sampah

кошче за хартиени отпадъци

berjalan

пътуване

hotel
хотел
Grand
asrama
хостел
ROOMS
EXCHANGE
pejabat tukaran mata wang
обменно бюро
beg pakaian
куфар
kereta
кола

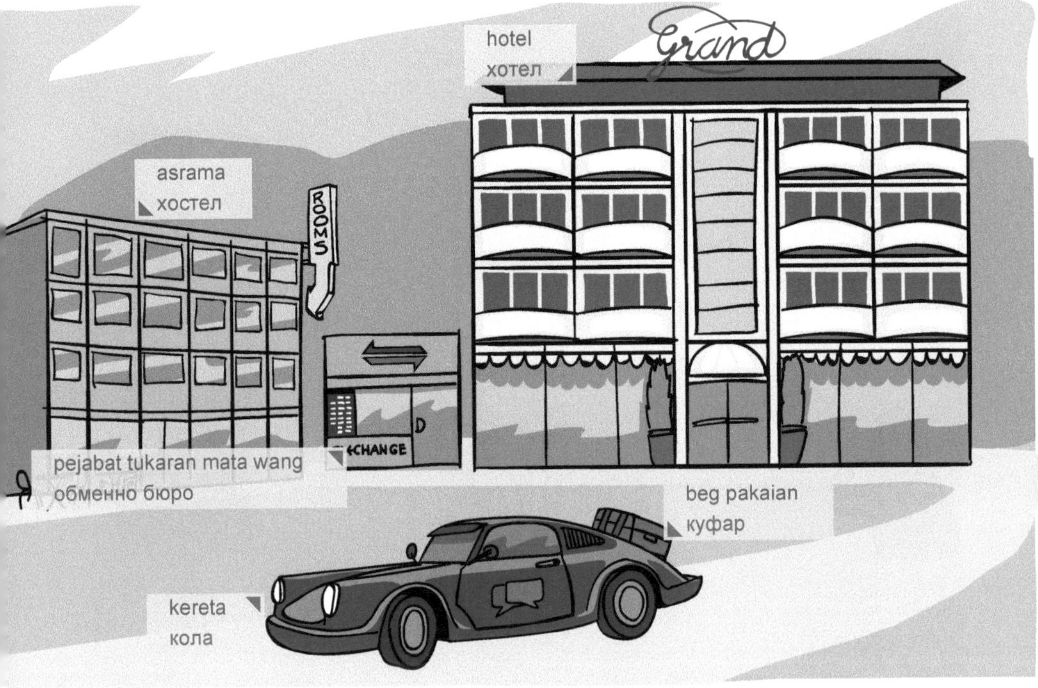

bahasa

език

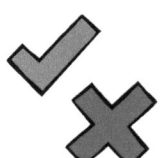

ya / tidak

да / не

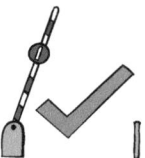

okey

Окей

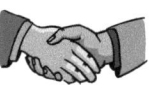

helo

здравей

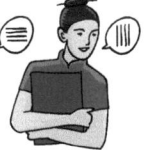

penterjemah

преводач

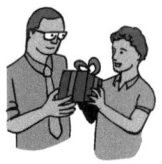

Terima kasih

Благодаря

berapa banyak…?

Колко струва…?

saya tidak faham

Не разбирам

masalah

проблем

Selamat petang!

Добър вечер!

Selamat Pagi!

Добро утро!

Selamat Malam!

Лека нощ!

selamat tinggal

довиждане

arah

посока

bagasi

багаж

beg

пътна чанта

beg galas

раница

tetamu

посетител

bilik tidur

стая

beg tidur

спален чувал

khemah

палатка

maklumat pelancong

туристическа информация

pantai

плаж

kad kredit

кредитна карта

sarapan

закуска

makan tengah hari

обед

makan malam

вечеря

tiket

билет

lif

асансьор

setem

пощенска марка

sempadan

граница

kastam

митница

kedutaan

посолство

visa

виза

pasport

паспорт

pengangkutan
транспорт

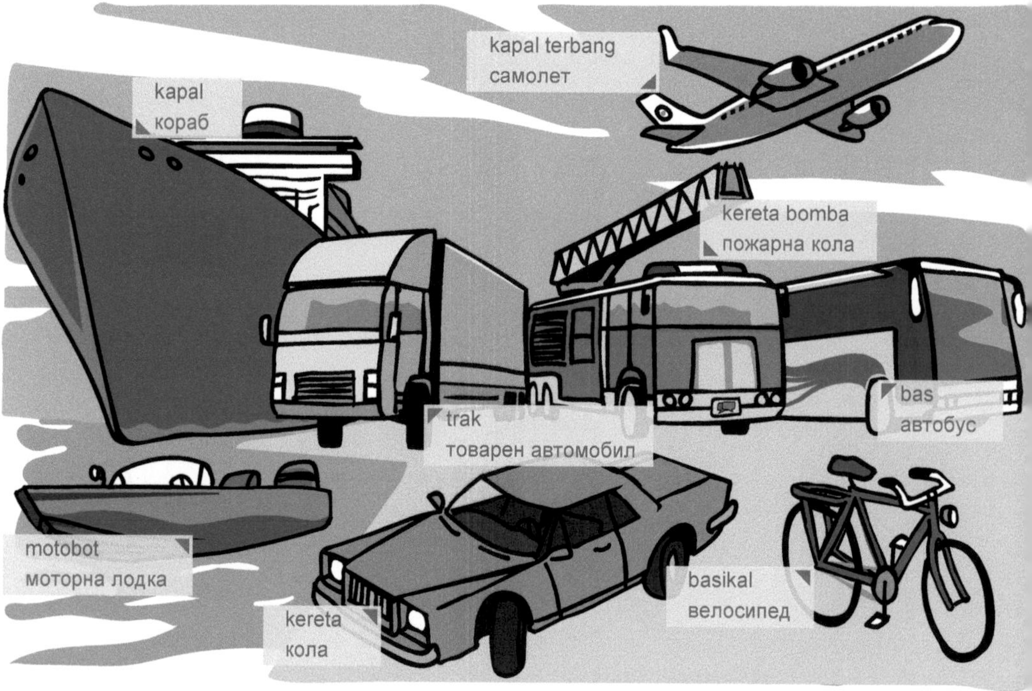
kapal terbang
самолет
kapal
кораб
kereta bomba
пожарна кола
trak
товарен автомобил
bas
автобус
motobot
моторна лодка
basikal
велосипед
kereta
кола

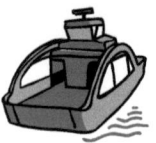

feri

ферибот

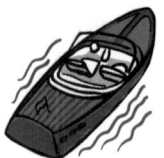

bot

лодка

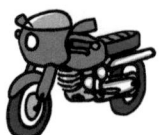

motosikal

мотоциклет

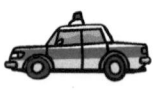

kereta polis

полицейска кола

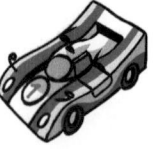

kereta lumba

състезателна кола

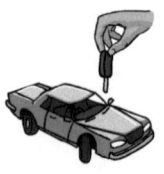

kereta sewa

кола под наем

berkongsi kereta

каршеринг

trak tunda

автомобил от "Пътна помощ"

trak menolak

сметовоз

motor

двигател

bahan api

бензин

stesen minyak

бензиностанция

tanda trafik

пътен знак

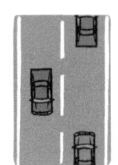

trafik

улично движение

kesesakan lalu lintas

задръстване

tempat parkir

паркинг

stesen kereta api

гара

trek

релси

kereta api

влак

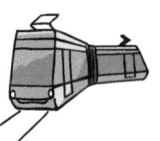

trem

трамвай

gerabak

вагон

helikopter

хеликоптер

lapangan terbang

аерогара

Menara

кула

penumpang

пасажер

bekas

контейнер

kadbod

кашон

kart

ръчна количка

bakul

кошница

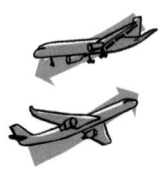

berlepas / mendarat

излитам / приземявам се

bandar

град

kampung

село

pusat bandar

градски център

rumah

къща

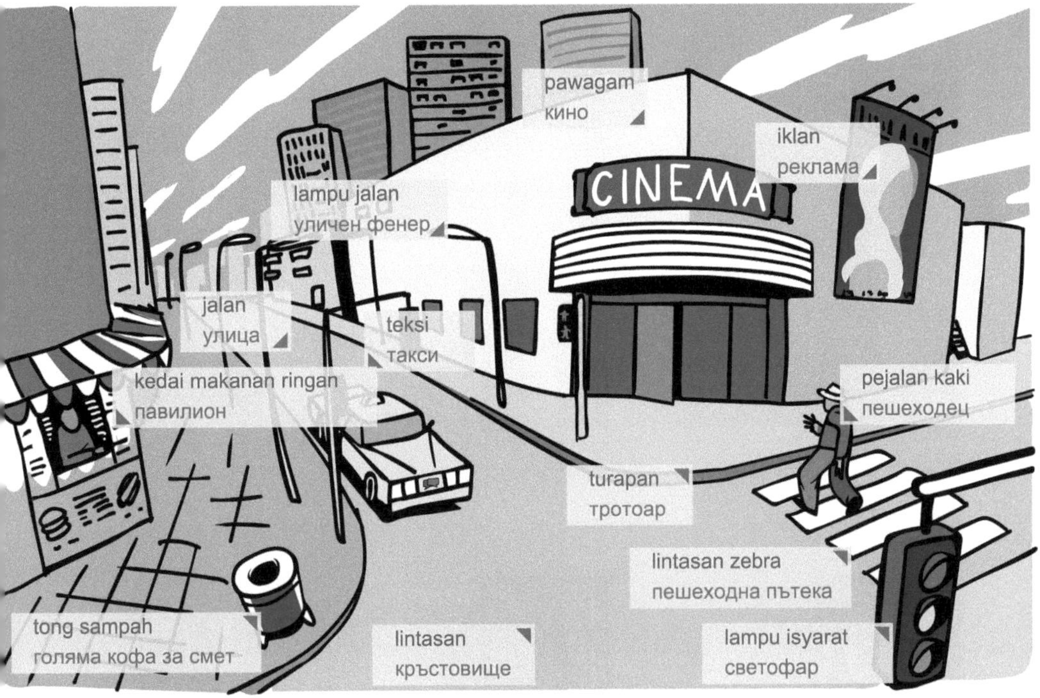

pawagam
кино
iklan
реклама
CINEMA
lampu jalan
уличен фенер
jalan
улица
teksi
такси
kedai makanan ringan
павилион
pejalan kaki
пешеходец
turapan
тротоар
lintasan zebra
пешеходна пътека
tong sampah
голяма кофа за смет
lintasan
кръстовище
lampu isyarat
светофар

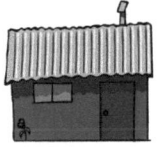

pondok

хижа

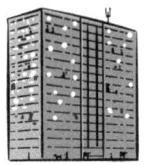

flat

жилище

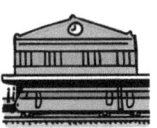

stesen kereta api

гара

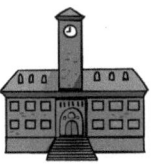

dewan bandar

кметство

MUSEUM

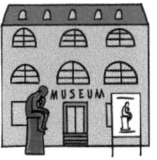

muzium

музей

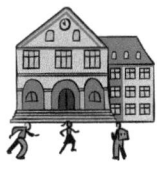

sekolah

училище

universiti

университет

bank

банка

hospital

болница

hotel

хотел

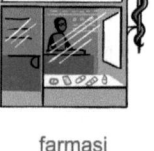

farmasi

аптека

pejabat

офис

kedai buku

книжарница

kedai

магазин за цветя

kedai bunga

магазин за цветя

pasar raya

супермаркет

pasaran

пазар

gedung

универсален магазин

penjual ikan

търговец на риба

pusat membeli-belah

търговски център

pelabuhan

пристанище

taman

парк

bangku

пейка

jambatan

мост

tangga

стълба

bawah tanah

метро

terowong

тунел

hentian bas

автобусна спирка

bar

бар

restoran

ресторант

peti surat

пощенска кутия

papan tanda jalan

улична табелка

meter parkir

часовник за паркинг
престой

zoo

зоологическа градина

kolam renang

плувен басейн

masjid

джамия

ladang

селски двор

pencemaran

замърсяване на околната
среда

tanah perkuburan

гробище

gereja

църква

taman permainan

детска площадка

kuil

храм

landskap

пейзаж

daun
листо

tiang tanda
пътепоказател

jalan
път

padang rumput
ливада

batu
камък

pokok
дърво

pejalan kaki
пътешественик

sungai
река

rumput
трева

bunga
цвете

lembah
долина

bukit
планина

tasik
море

hutan
гора

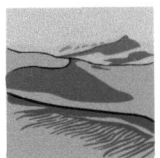

padang pasir
пустиня

gunung berapi
вулкан

istana
замък

pelangi
дъга

cendawan
гъба

pokok kelapa sawit
палма

nyamuk
комар

terbang
муха

semut
мравка

lebah
пчела

labah-labah
паяк

kumbang

бръмбар

katak

жаба

tupai

катеричка

landak

таралеж

arnab

заек

burung hantu

кукумявка

burung

птица

angsa

лебед

babi jantan

диво прасе

rusa

елен

moose

лос

empangan

бент

turbin angin

вятърна турбина

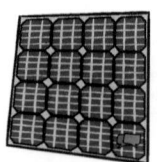

panel solar

соларен модул

iklim

климат

restoran

ресторант

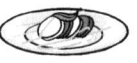

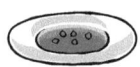

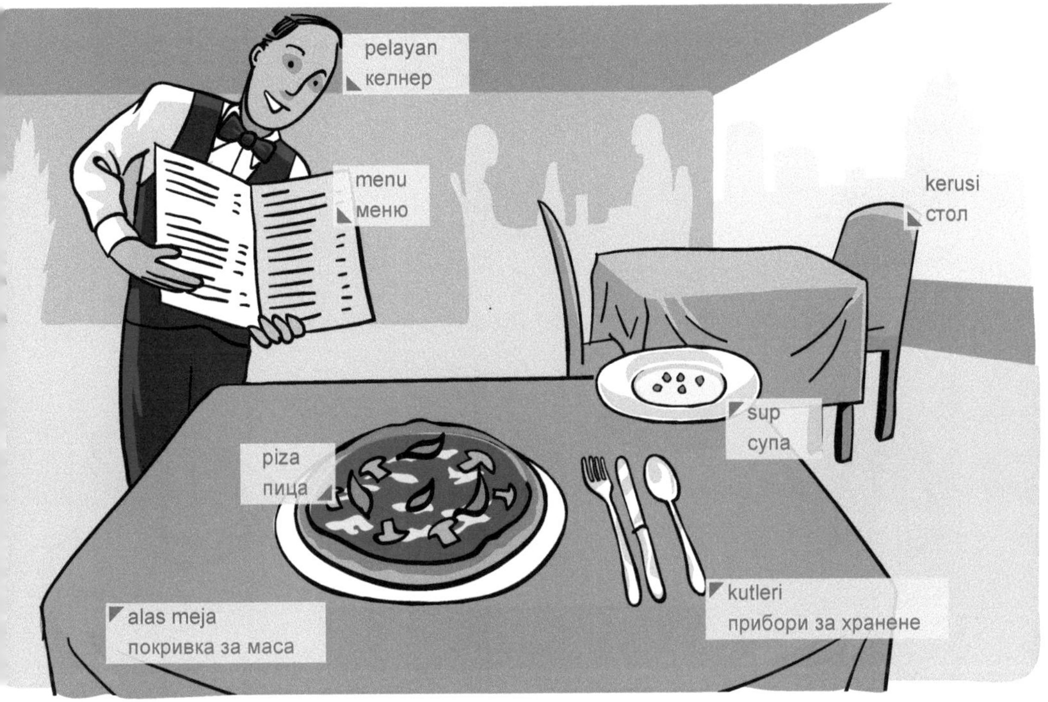
pelayan
келнер
menu
меню
kerusi
стол
sup
супа
piza
пица
kutleri
прибори за хранене
alas meja
покривка за маса

pemula

предястие

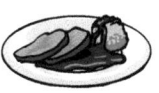

hidangan utama

основно ястие

pencuci mulut

десерт

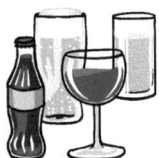

minuman

напитки

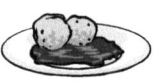

makanan

ядене

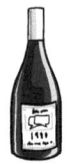

botol

бутилка

makanan segera

бързо хранене

makanan jalanan

улична храна

teko

кана за чай

mangkuk gula

кутия за захар

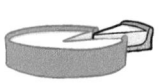

bahagian

порция

mesin espreso

еспресо машина

kerusi tinggi

висок детски стол

bil

сметка

dulang

табла

pisau

ножица за нокти

garfu

вилица

sudu

лъжица

sudu teh

чаена лъжичка

serviette

салфетка

gelas

стъклена чаша

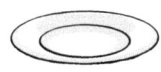

pinggan

чиния

mangkuk sup

чиния за супа

piring

чинийка

sos

сос

tempat garam

солница

pengisar lada

мелничка за черен пипер

cuka

оцет

minyak

олио

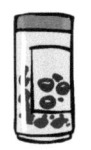

rempah

подправки

sos

кетчуп

mustard

горчица

mayones

майонеза

pasar raya

супермаркет

tawaran istimewa
оферта
FOR
pelanggan
клиент
tenusu
млечни продукти
buah-buahan
плодове
troli
количка за покупки

BUTCHERS

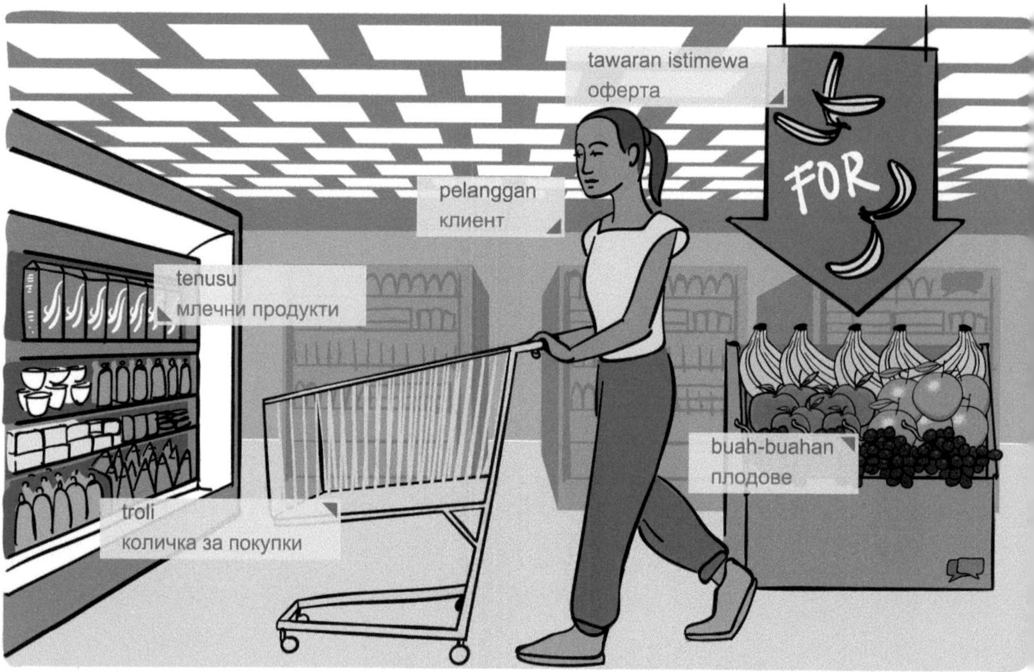

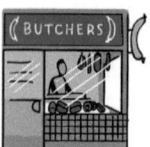

tukang daging

кланица

BAKERY

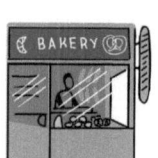

kedai roti

хлебарница

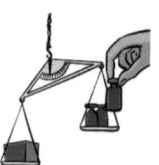

berat

тегля

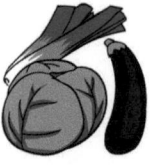

sayur-sayuran

зеленчуци

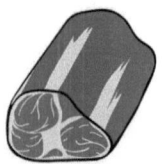

daging

месо

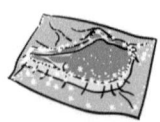

makanan sejuk beku

дълбоко замразена храна

daging sejuk

нарязан колбас или сирене

makanan dalam tin

консерви

serbuk pencuci

перилен препарат

gula-gula

лакомства

produk isi rumah

домакински изделия

produk pembersihan

почистващи препарати

orang jualan

продавачка

daftar tunai

каса

juruwang

касиер

senarai membeli-belah

списък на покупките

waktu pembukaan

работно време

beg duit

портфейл

kad kredit

кредитна карта

beg

чанта

beg plastik

пластмасова торба

air

вода

jus

сок

susu

мляко

kola

кола

wain

вино

bir

бира

alkohol

алкохол

koko

какао

the

чай

kopi

кафе машина

espreso

еспресо

kapucino

капучино

pisang

банан

epal

ябълка

oren

портокал

tembikai

пъпеш

lemon

лимон

lobak merah

морков

bawang putih

чесън

buluh

бамбук

bawang

лук

cendawan

гъба

kacang

ядки

mi

макарони

spageti

спагети

nasi

ориз

salad

салата

kerepek

пържени картофи

kentang goreng

печени картофи

piza

пица

hamburger

хамбургер

sandwic

сандвич

kutlet

шницел

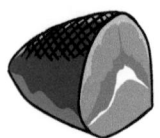

ham

шунка

salami

траен колбас

sosej

салам

ayam

пиле

panggang

печено

ikan

риба

bubur oat

овесени ядки

muesli

мюсли

emping jagung

корнфлейкс

tepung

брашно

kroisan

кроасан

roti roll

хлебчета

roti

хляб

roti bakar

препечена филийка

biskut

бисквити

mentega

масло

dadih

извара

kek

сладкиш

telur

яйце

telur goreng

яйца на очи

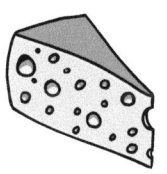

keju

сирене

ais krim

сладолед

gula

захар

madu

мед

jem

мармалад

krim nougat

нуга крем

kari

къри

ladang
селски двор

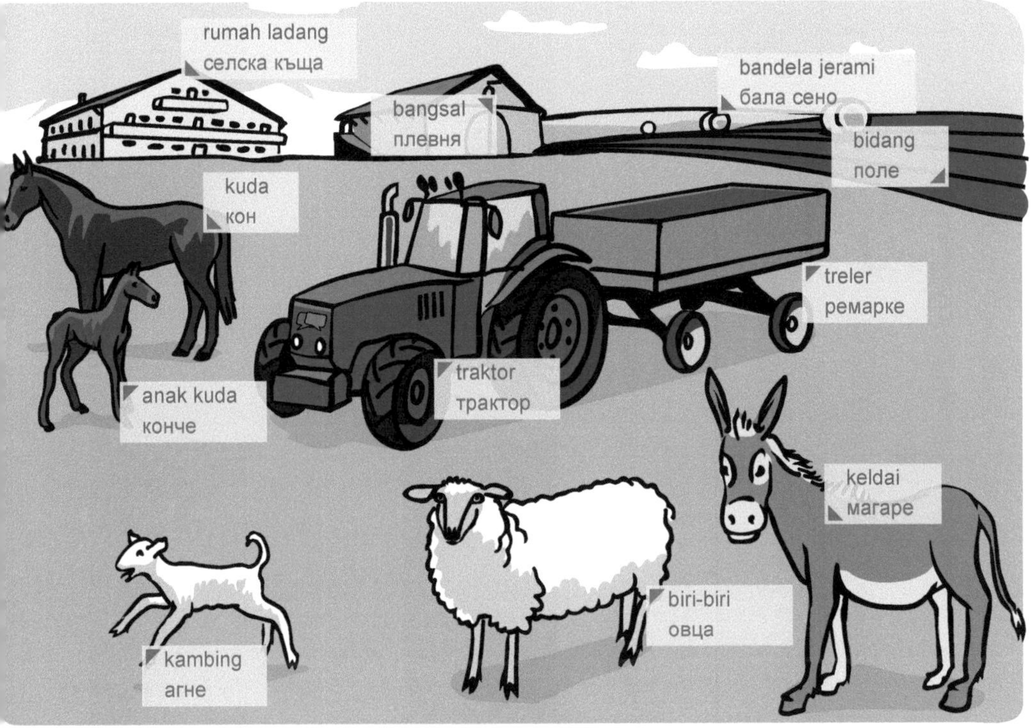
rumah ladang
селска къща
bangsal
плевня
bandela jerami
бала сено
bidang
поле
kuda
кон
treler
ремарке
anak kuda
конче
traktor
трактор
keldai
магаре
biri-biri
овца
kambing
агне

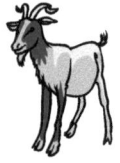

kambing
коза

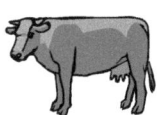

lembu
крава

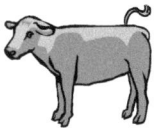

anak lembu
теле

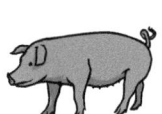

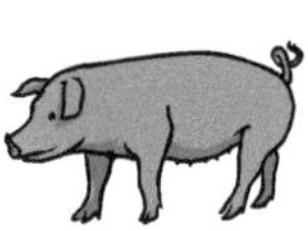

babi
свиня

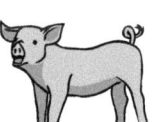

anak babi
прасенце

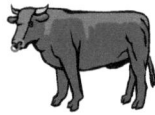

lembu
бик

angsa

гъска

itik

патица

anak ayam

пиленце

ayam betina

кокошка

ayam jantan muda

петел

tikus

плъх

kucing

котка

tikus

мишка

lembu jantan

вол

anjing

куче

rumah anjing

кучешка колиба

hos taman

градински маркуч

bekas siraman

лейка

sabit

коса

bajak

плуг

sabit

сърп

cangkul

мотика

serampang peladang

вила за тор

kapak

брадва

kereta sorong

ръчна количка

palung

корито

tin susu

съд за мляко

karung

чувал

pagar

ограда

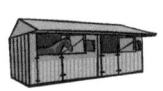

stabil

обор

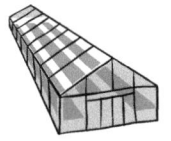

rumah hijau

парник

tanah

земя

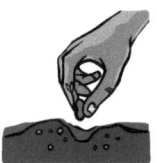

benih

сеитба

baja

тор

jentuai

комбайн

tuai

жъна

menuai

реколта

keladi

ямс

gandum

жито

soya

соя

kentang

картоф

jagung

царевица

biji sawi

рапица

pokok buah-buahan

овощно дърво

ubi kayu

маниока

bijirin

зърнени храни

rumah

къща

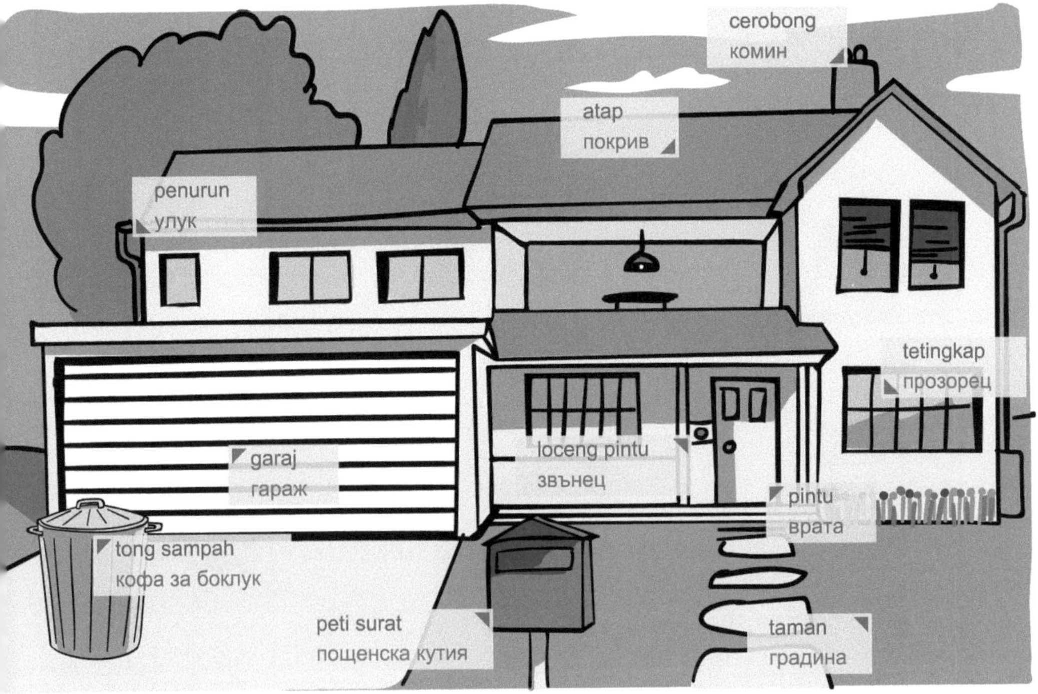
cerobong
комин
atap
покрив
penurun
улук
tetingkap
прозорец
garaj
гараж
loceng pintu
звънец
pintu
врата
tong sampah
кофа за боклук
peti surat
пощенска кутия
taman
градина

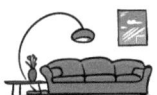

ruang tamu

всекидневна

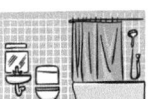

bilik air

баня

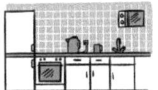

dapur

кухня

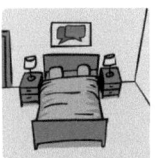

bilik tidur

спалня

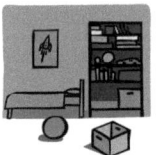

bilik kanak-kanak

детска стая

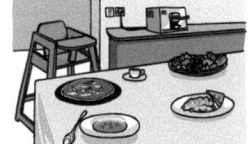

ruang makan

трапезария

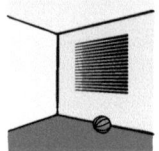

lantai

под

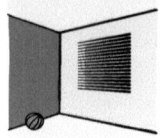

dinding

стена

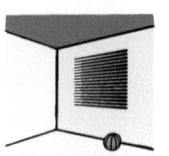

siling

таван

bilik bawah tanah

изба

sauna

сауна

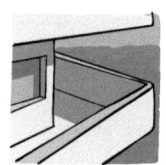

balkoni

балкон

teres

тераса

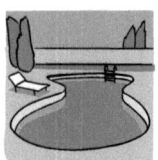

kolam renang

плувен басейн

pemotong rumput

косачка

lembaran

спално бельо

penutup tilam

покривка за легло

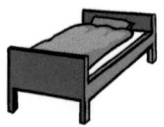

katil

легло

penyapu

метла

timba

кофа

suis

електрически ключ

rumah - къща

ruang tamu
всекидневна

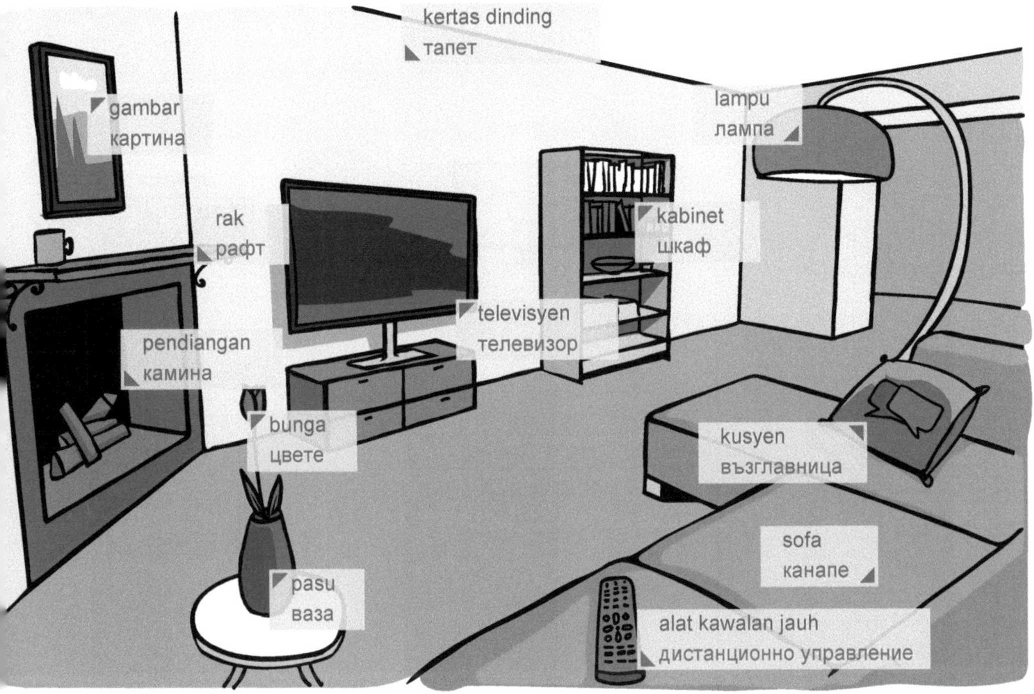
kertas dinding
тапет
gambar
картина
lampu
лампа
rak
рафт
kabinet
шкаф
televisyen
телевизор
pendiangan
камина
bunga
цвете
kusyen
възглавница
sofa
канапе
pasu
ваза
alat kawalan jauh
дистанционно управление

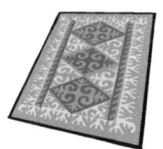

permaidani

килим

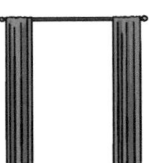

tirai

завеса

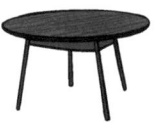

meja

маса

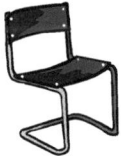

kerusi

стол

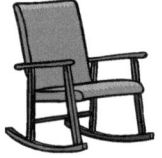

kerusi malas

люлеещ се стол

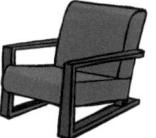

kerusi

кресло

buku

книга

selimut

одеяло

hiasan

декорация

kayu api

дърва за отопление

filem

филм

hi-fi

стерео уредба

kunci

ключ

akhbar

вестник

lukisan

живопис

poster

постер

radio

радио

buku catatan

бележник

penyedut habuk

прахосмукачка

kaktus

кактус

lilin

свещ

dapur
кухня

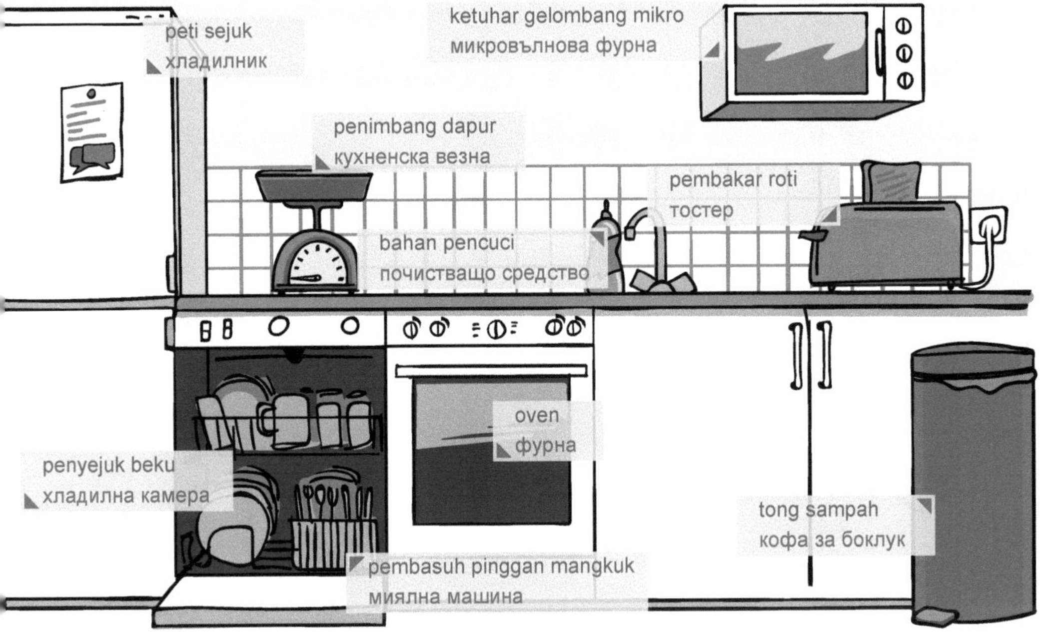

peti sejuk
хладилник
ketuhar gelombang mikro
микровълнова фурна
penimbang dapur
кухненска везна
pembakar roti
тостер
bahan pencuci
почистващо средство
oven
фурна
penyejuk beku
хладилна камера
tong sampah
кофа за боклук
pembasuh pinggan mangkuk
миялна машина

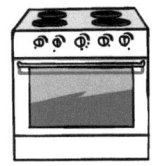

periuk dapur

готварска печка

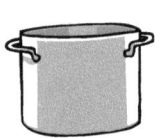

periuk

тенджера

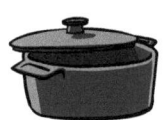

periuk besi

желязна тенджера

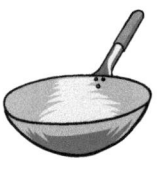

kuali

уок / кадаи

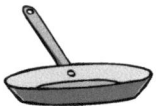

pan

тиган

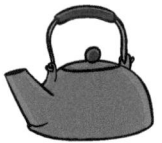

cerek

кана за затопляне на вода

pengukus

уред за готвене на пара

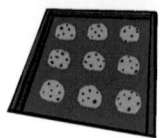

dulang pembakar

тава за печене

pinggan mangkuk

съдове

koleh

чаша

mangkuk

купа

penyepit

клечки за хранене

senduk

черпак

spatula

лопатка за тиган

pengadun

тел за разбиване (на яйца, белтъци)

penapis

кошница за варене

ayak

гевгир

pemarut

ренде

mortar

хаван

barbeku

барбекю

pembakaran terbuka

огнище

dapur - кухня

papan pencincang

дъска

pin golekan

точилка

skru gabus

тирбушон

tin

кутия

pembuka tin

отварачка за консерви

pemegang periuk

кухненска ръкохватка

sinki

мивка

berus

четка

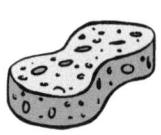

span

гъба

pengisar

миксер

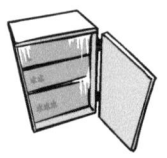

penyejuk beku

фризер

botol bayi

бебешко шише

paip

воден кран

bilik air

баня

pemanasan
отопление
tuala
хавлиена кърпа
mandi
душ
tirai mandi
завеса за баня
mandi buih
шампоан за вана
tab mandi
вана
gelas
стъклена чаша
mesin basuh
перална машина
paip
воден кран
jubin
плочки
tandas
гърне
sinki
мивка

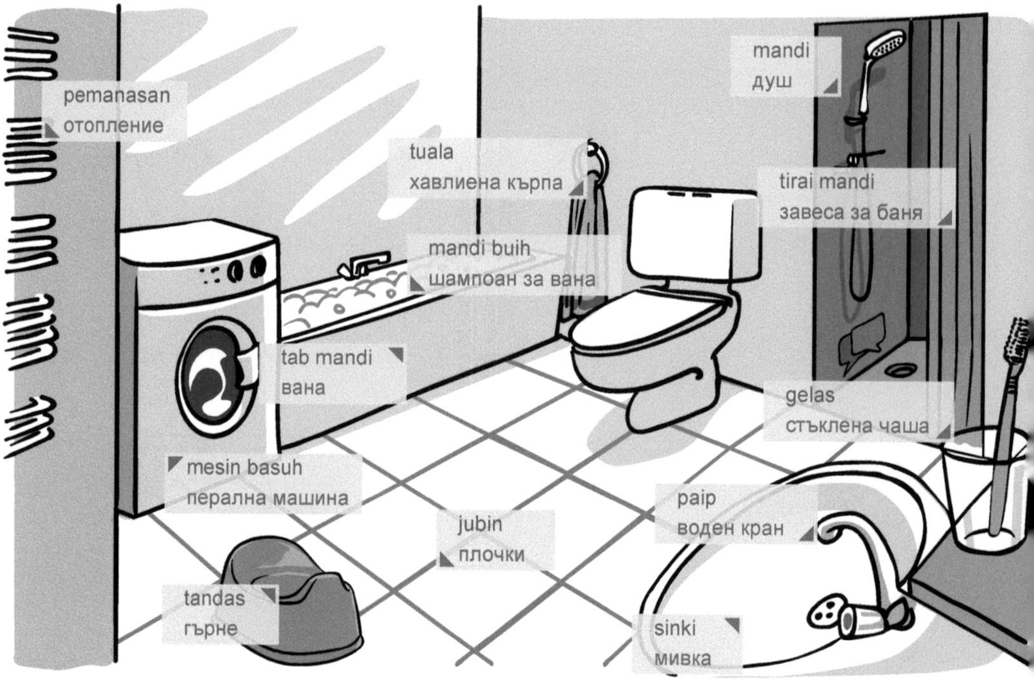

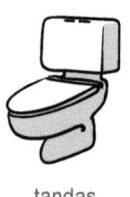

tandas

тоалетна

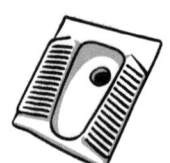

tandas mencangkung

клекало

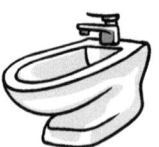

mangkuk tandas

биде

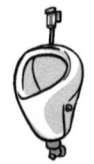

tandas awam

писоар

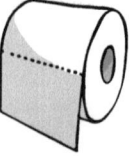

kertas tandas

тоалетна хартия

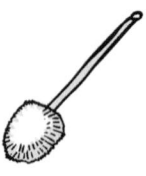

berus tandas

четка за тоалетна

berus gigi

четка за зъби

ubat gigi

паста за зъби

flos gigi

конец за зъби

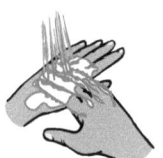

cuci

мия

mandian tangan

ръчен душ

pancuran

интимен душ

besen

леген

belakang berus

четка за гръб

sabun

сапун

gel mandian

душ гел

syampu

шампоан за вана

flanel

гъба за баня

longkang

сифон

krim

крем

deodoran

дезодорант

cermin

огледало

cermin tangan

козметично огледало

pisau cukur

ръчна самобръсначка

busa cukur

пяна за бръснене

selepas cukur

одеколон за след бръснене

sikat

гребен

berus

четка

pengering rambut

сешоар

semburan rambut

спрей за коса

mekap

грим

gincu

червило

varnis kuku

лак за нокти

bulu kapas

памук

gunting kuku

ножица за нокти

pewangi

парфюм

beg basuhan

тоалетна чантичка

bangku

табуретка

skala berat

везна

jubah mandi

хавлия

sarung tangan getah

домакински ръкавици

kapas

тампон

tuala wanita

дамски превръзки

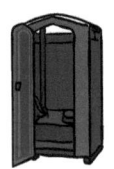

tandas kimia

химическа тоалетна

bilik kanak-kanak

детска стая

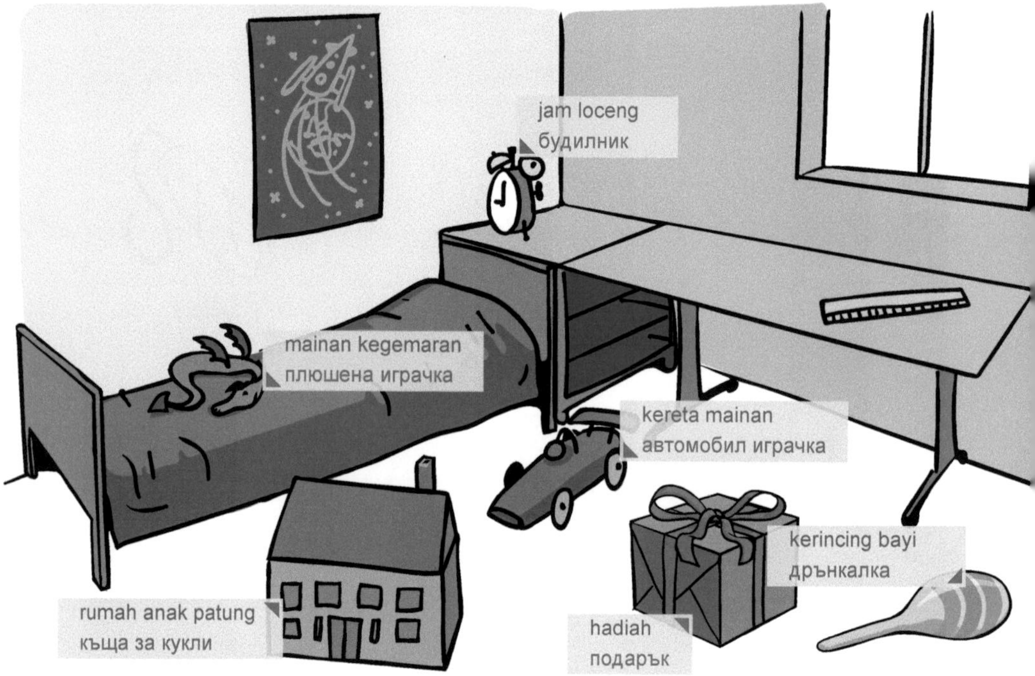

jam loceng
будилник
mainan kegemaran
плюшена играчка
kereta mainan
автомобил играчка
kerincing bayi
дрънкалка
rumah anak patung
къща за кукли
hadiah
подарък

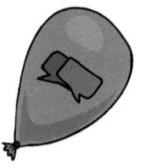

belon

балон

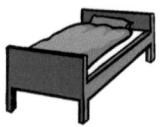

katil

легло

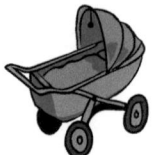

kereta sorong bayi

детска количка

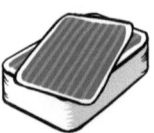

set kad

игра на карти

susun suai gambar

пъзел

SUPER MEGA

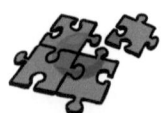

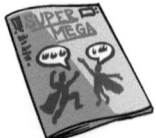

komik

комикс

batu bata lego

лего елементи

blok mainan

строителни елементи

figura aksi

екшън фигурка

baju bayi

бебешки гащеризон

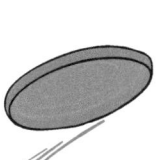

frisbee

фрисби

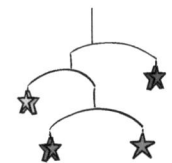

mainan bayi mudah alih

бебешки играчки за легло

permainan papan

настолна игра

dadu

зарче

set model kereta api

миниатюрно влакче

palsu

биберон

parti

парти

buku bergambar

детска книга с илюстрации

bola

топка

anak patung

кукла

main

играя

lubang pasir

пясъчник

buai

люлка

mainan

играчка

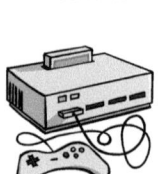

konsol permainan video

игрова конзола

basikal roda tiga

велосипед с три колелета

anak patung beruang

плюшено мече

almari pakaian

гардероб

pakaian

облекло

stoking

къси чорапи

stoking

дълги чорапи

ketat

чорапогащник

skarf
шал

payung
чадър

kemeja-t
Т-шърт

/keselamatan

but
ботуши

selipar
пантофи

kasut sukan
гуменки

sandal
сандали

kasut
обувки

but getah
гумени ботуши

seluar dalam
слип

coli
сутиен

ves
долна блуза

badan

боди

Seluar panjang

панталон

jean

дънки

skirt

пола

blaus

блуза

kemeja

риза

baju panas sarung

пуловер

sweater

суичър

blazer

блейзър

jaket

яке

kot

палто

baju hujan

дъждобран

kostum

костюм

pakaian

рокля

baju pengantin

булчинска рокля

sut

костюм

baju tidur

нощница

baju tidur

пижама

sari

сари

skarf kepala

кърпа за глава

serban

тюрбан

burqa

бурка

kaftan

кафтан

abaya/jubah

абая

baju renang

бански костюм

seluar renang

плувни шорти

seluar pendek

къс панталон

sut balapan

анцуг

apron

престилка

sarung tangan

ръкавици

butang

копче

cermin mata

очила

gelang tangan

гривна

rantai leher

верижка

cincin

пръстен

subang

обеца

topi

каскет

penyangkut kot

закачалка

topi

шапка

tali leher

вратовръзка

zip

цип

topi keledar

каска

pendakap

тиранти

uniform sekolah

ученическа униформа

seragam

униформа

lapik dada
лигавник

palsu
биберон

lampin
пелена

pejabat
офис

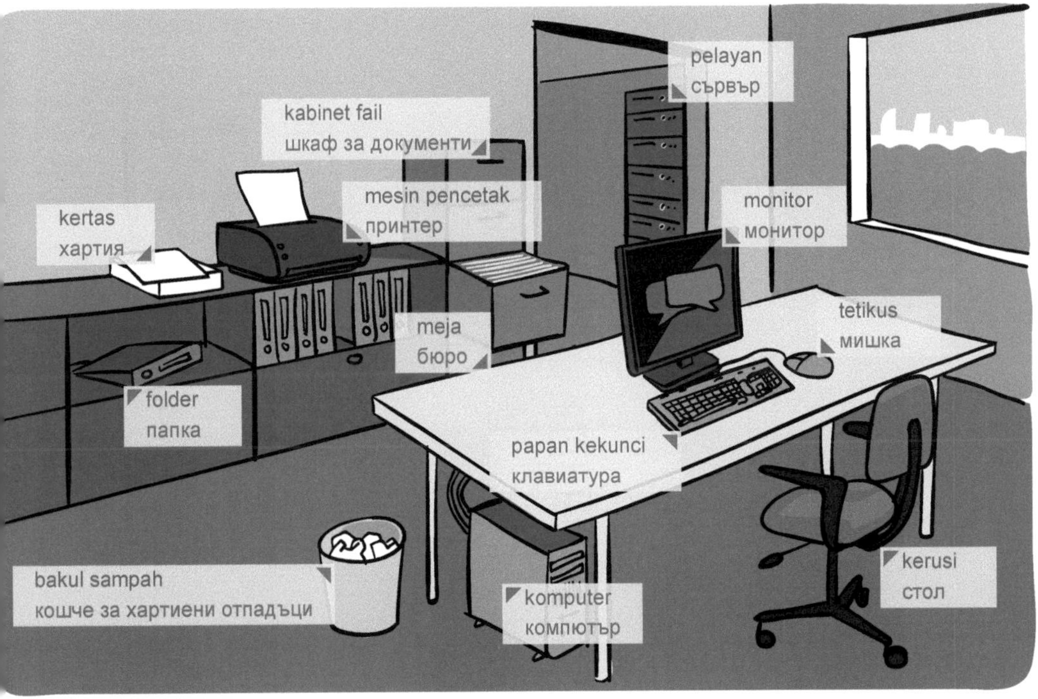

pelayan
сървър

kabinet fail
шкаф за документи

mesin pencetak
принтер

monitor
монитор

kertas
хартия

meja
бюро

tetikus
мишка

folder
папка

papan kekunci
клавиатура

bakul sampah
кошче за хартиени отпадъци

kerusi
стол

komputer
компютър

cawan kopi
чаша за кафе

kalkulator
джобен калкулатор

internet
интернет

komputer riba

лаптоп

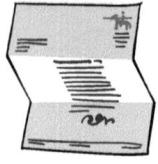

surat

писмо

mesej

съобщение

mudah alih

мобилен телефон

rangkaian

мрежа

mesin fotokopi

ксерокс

perisian

софтуер

telefon

телефон

soket plag

контакт

mesin faks

факс

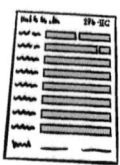

bentuk

формуляр

dokumen

документ

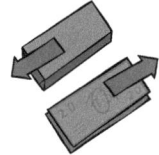

beli

купувам

bayar

плащам

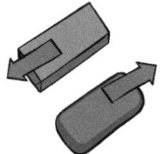

berdagang

търгувам

wang

пари

dolar

долар

euro

евро

yen

йена

rubel

рубла

franc swiss

швейцарски франк

renminbi yuan

ренминби юан

rupee

рупия

mata tunai

банкомат

pejabat tukaran mata wang

обменно бюро

emas

злато

perak

сребро

minyak

нефт

tenaga

енергия

harga

цена

kontrak

договор

cukai

данък

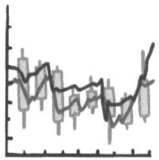

stok

акция

kerja

работя

pekerja

служител

majikan

работодател

kilang

фабрика

kedai

магазин за цветя

pekerjaan
професии

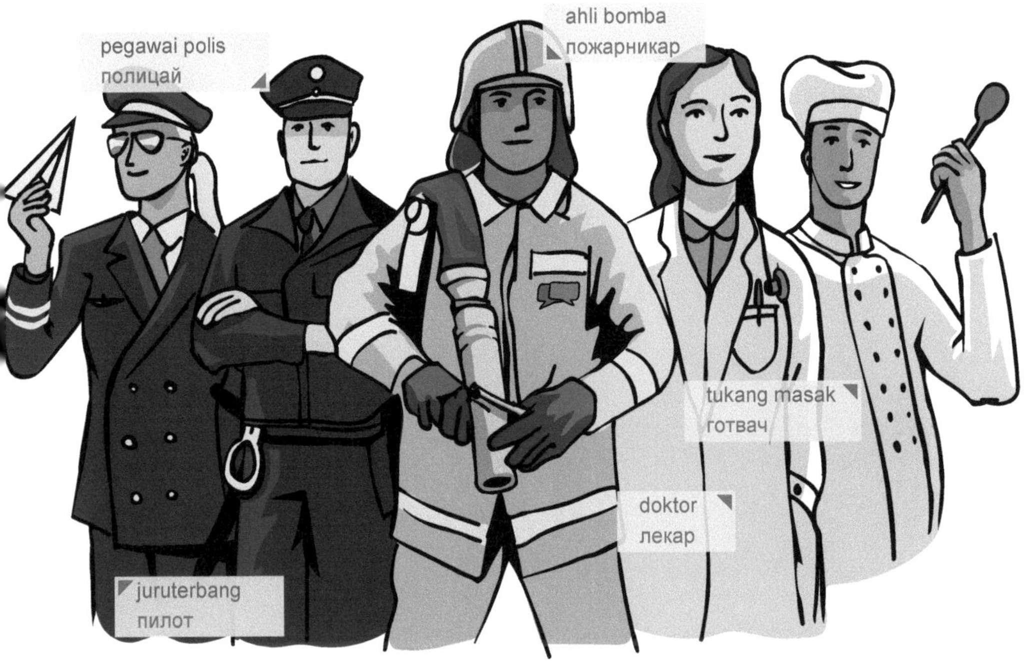

pegawai polis
полицай
ahli bomba
пожарникар
tukang masak
готвач
doktor
лекар
juruterbang
пилот

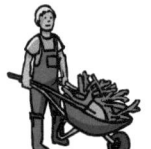

tukang kebun

градинар

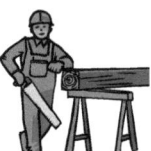

tukang kayu

мебелист

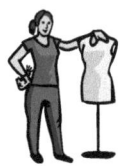

tukang jahit

шивачка

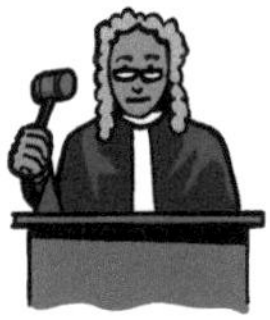

hakim

съдия

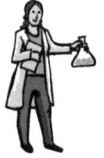

ahli kimia

химик

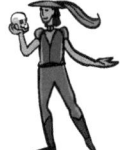

pelakon

артист

pemandu bas

шофьор на автобус

pemandu teksi

шофьор на такси

nelayan

рибар

wanita pencuci

чистачка

kasau

майстор на покриви

pelayan

келнер

pemburu

ловец

pelukis

художник

bakeri

хлебар

juruelektrik

електротехник

pembangun

строителен работник

jurutera

инженер

penjual daging

касапин

tukang paip

тенекеджия

posmen

пощальон

askar

войник

arkitek

архитект

juruwang

касиер

kedai bunga

цветар

pendandan rambut

фризьор

konduktor

кондуктор

mekanik

механик

kapten

капитан

doktor gigi

зъболекар

ahli sains

научен работник

tuhanku

равин

imam

имàм

sami

монах

paderi

свещеник

alat

инструменти

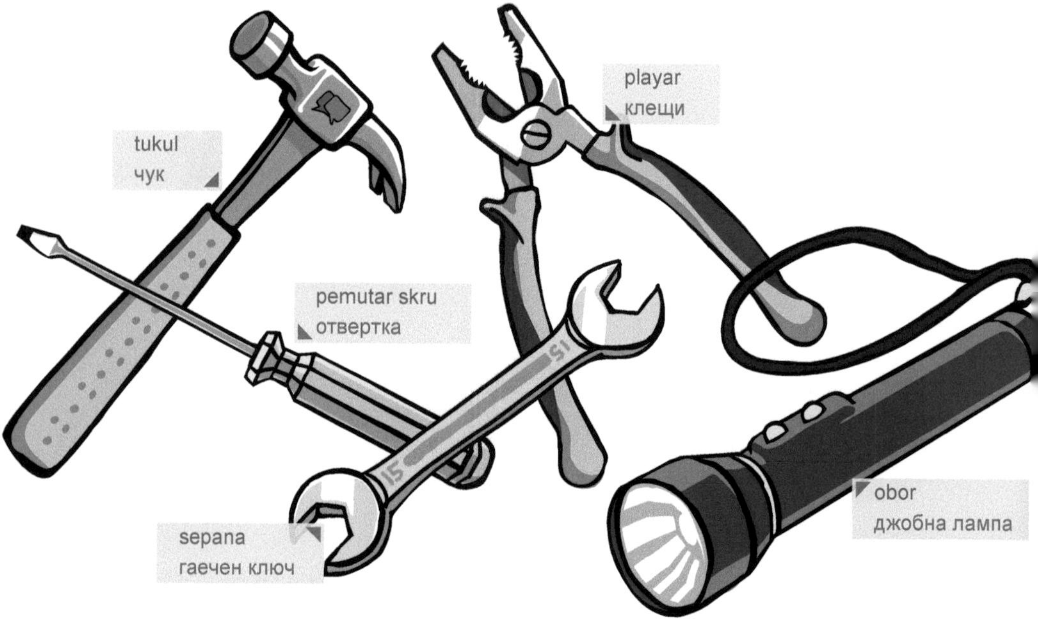

tukul
чук
playar
клещи
pemutar skru
отвертка
sepana
гаечен ключ
obor
джобна лампа

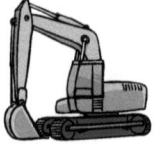

pengorek

багер

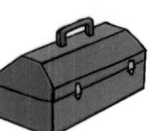

kotak peralatan

кутия за инструменти

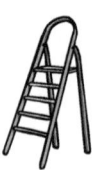

tangga

стълба

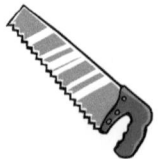

gergaji

трион

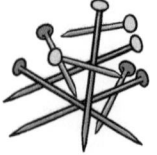

kuku

пирони

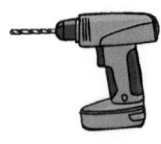

gerudi

бормашина

baiki
ремонтирам

penyodok
лопата

Celaka!
По дяволите!

penadah sampah
лопатка за смет

periuk cat
кутия за боя

skru
болтове

alat muzik

музикални инструменти

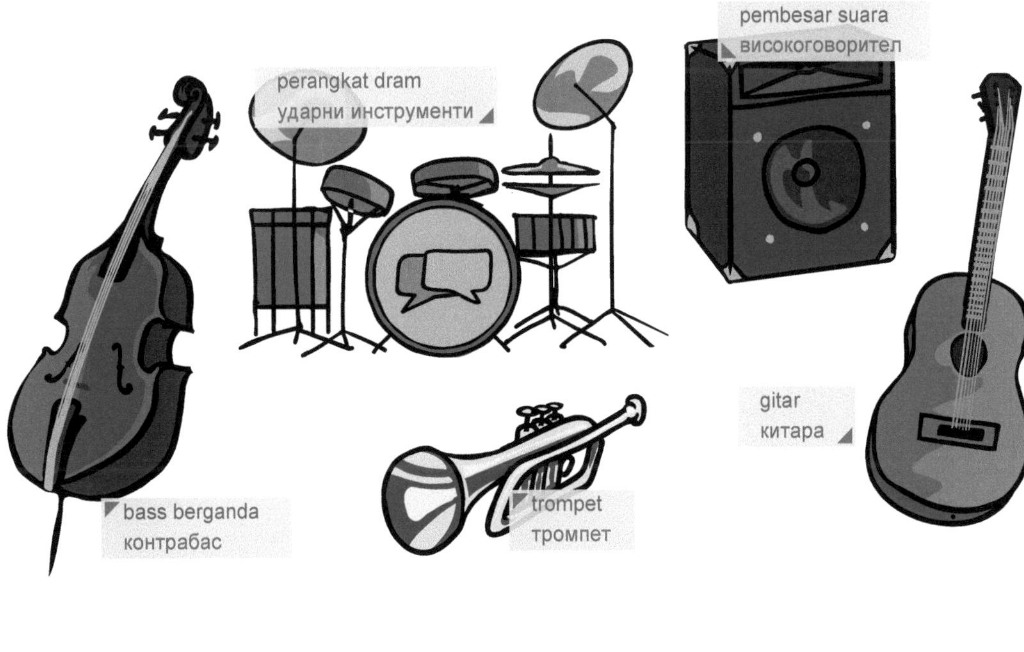

pembesar suara
високоговорител

perangkat dram
ударни инструменти ◄

bass berganda
контрабас

trompet
тромпет

gitar
китара ◄

piano

пиано

biola

виолина

bass

контрабас

timpani

тимпан

dram

барабан

papan kekunci

електрическо пиано

saksofon

саксофон

seruling

флейта

mikrofon

микрофон

зоологическа градина

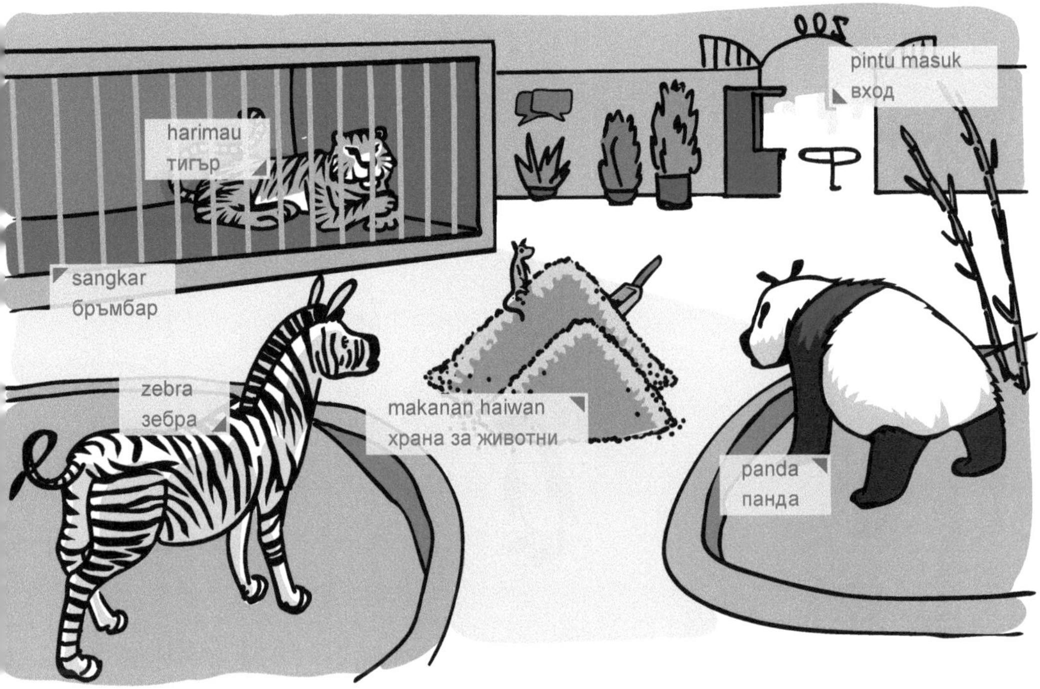
zoo
pintu masuk
вход
harimau
тигър
sangkar
бръмбар
zebra
зебра
makanan haiwan
храна за животни
panda
панда

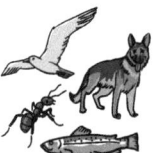

haiwan

животни

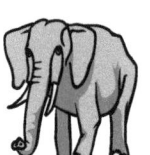

gajah

слон

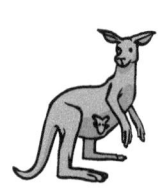

kanggaru

кенгуру

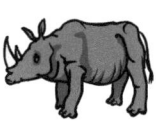

badak sumbu

носорог

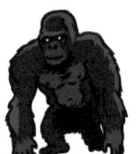

gorila

горила

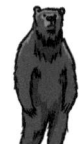

beruang

мечка

unta

камила

burung unta

щраус

singa

лъв

monyet

маймуна

flamingo

фламинго

nuri

папагал

beruang kutub

бяла мечка

penguin

пингвин

yu

акула

merak

паун

ular

змия

buaya

крокодил

penjaga zoo

пазач в зоологическа
градина

anjing laut

тюлен

jaguar

ягуар

zoo - зоологическа градина

kuda

пони

harimau

леопард

badak air

хипопотам

zirafah

жираф

helang

орел

babi jantan

диво прасе

ikan

риба

penyu

костенурка

anjing laut

морж

musang

лисица

rusa

газела

bola sepak Amerika
американски футбол

berbasikal
колоездене

tenis
тенис

bola keranjang
баскетбол

renang
плуване

tinju
бокс

hoki ais
хокей на лед

bola sepak
футбол

badminton
бадминтон

olahraga
лека атлетика

bola baling
хандбал

ski
ски бягане

polo
поло

lompat
скачам

ketawa
смея се

peluk
прегръщам

berjalan
вървя

menyanyi
пея

mimpi
сънувам

berdoa
моля се

cium
целувам

tulis
пиша

lukis
рисувам

tunjuk
показвам

tolak
бутам

beri
давам

ambil
взимам

ada

имам

buat

правя

ialah

съм

berdiri

стоя

lari

тичам

tarik

дърпам

buang

хвърлям

jatuh

падам

tipu

лежа

tunggu

чакам

bawa

нося

duduk

седя

pakai

обличам

tidur

спя

bangkit

събуждам се

lihat pada

разглеждам

menangis

плача

strok

милвам

sikat

реша се

cakap

говоря

faham

разбирам

tanya

питам

dengar

слушам

minum

пия

makan

ям

mengemas

разтребвам

sayang

обичам

masak

готвя

pandu

карам автомобил

terbang

летя

belayar

плавам (с платна)

kira

смятане

baca

чета

belajar

уча

kerja

работя

nikah

женя се

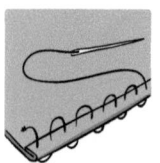

jahit

шия

memberus gigi

измивам си зъбите

bunuh

убивам

asap

пуша

hantar

изпращам

aktiviti - дейности

keluarga
семейство

nenek
баба

datuk
дядо

bapa
баща

ibu
майка

bayi
бебе

anak perempuan
дъщеря

anak lelaki
син

tetamu

посетител

mak cik

леля

pak cik

чичо

abang

брат

kakak

сестра

keluarga - семейство 67

badan

тяло

dahi
чело
mata
око
muka
лице
dagu
брадичка
dada
гърди
jari
пръст
tangan
ръка
lengan
ръка
bahu
рамо
kaki
крак

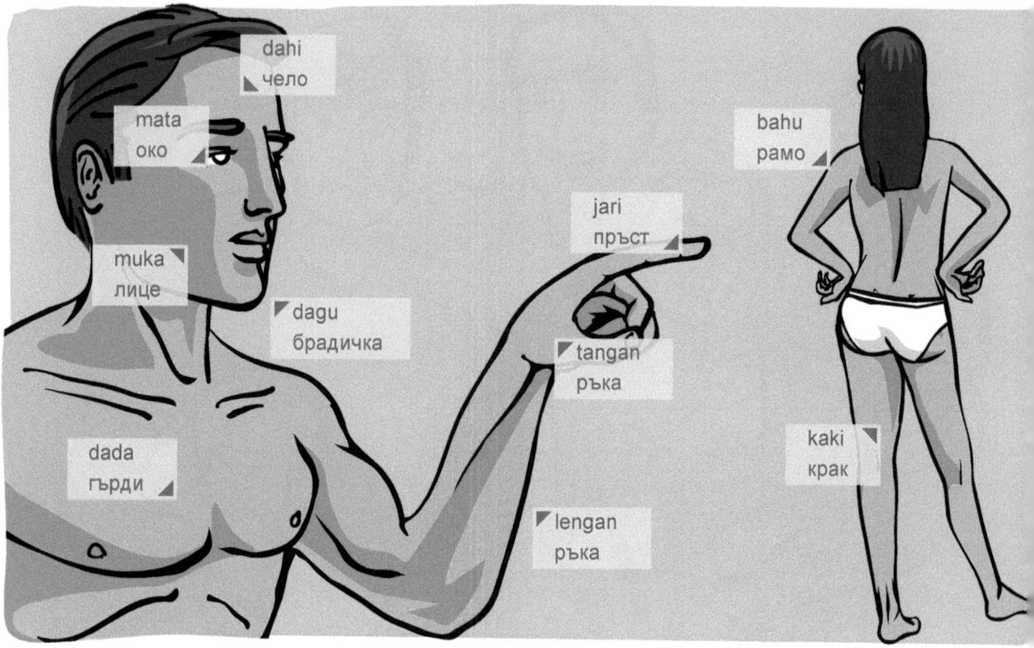

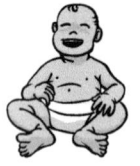

bayi

бебе

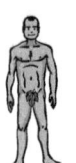

lelaki

мъж

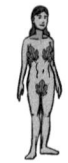

wanita

жена

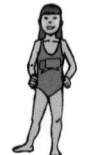

perempuan

момиче

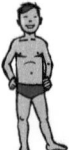

lelaki

момче

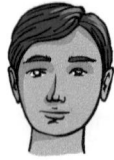

kepala

глава

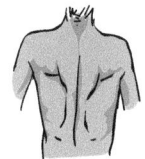

belakang

гръб

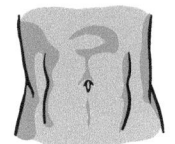

bawah perut

корем

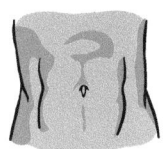

pusat

пъп

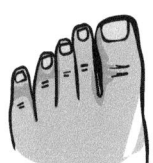

jari kaki

пръст на крака

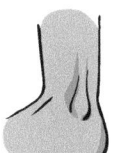

tumit

пета

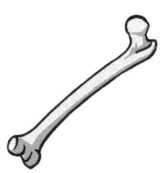

tulang

кост

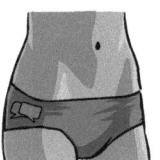

pinggul

хълбок

lutut

коляно

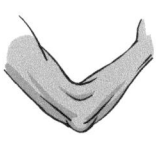

siku

лакът

hidung

нос

bawah

седалище

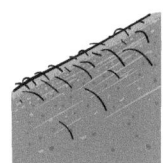

kulit

кожа

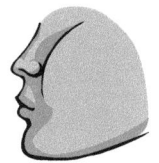

pipi

буза

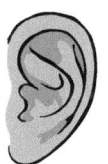

telinga

ухо

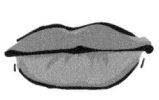

bibir

устна

mulut

уста

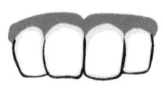

gigi

зъб

lidah

език

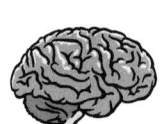

otak

мозък

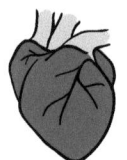

hati

сърце

otot

мускул

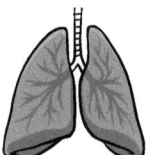

paru-paru

бял дроб

hati

черен дроб

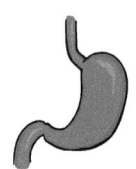

perut

стомах

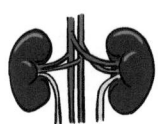

buah pinggang

бъбреци

seks

полово сношение

kondom

кондом

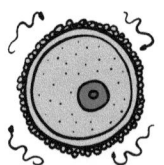

faraj

яйцеклетка

mani

сперма

mengandung

бременност

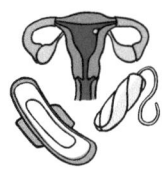

haid

менструация

faraj

вагина

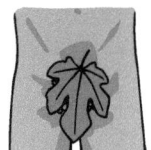

penis

пенис

kening

вежда

rambut

коса

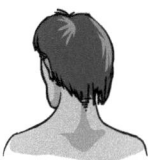

leher

шия

hospital
болница

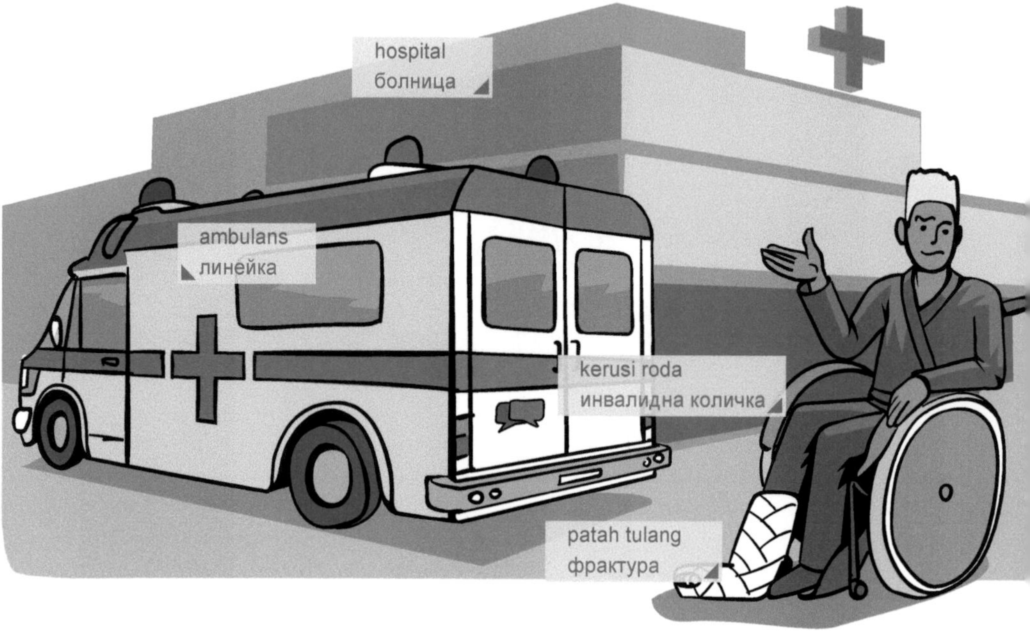

hospital
болница
ambulans
линейка
kerusi roda
инвалидна количка
patah tulang
фрактура

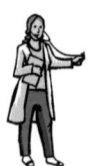

doktor

лекар

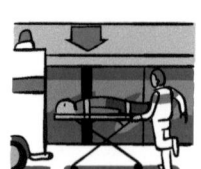

bilik kecemasan

спешна хоспитализация

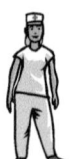

jururawat

медицинска сестра

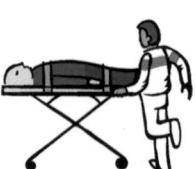

kecemasan

спешен случай

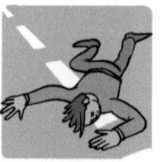

tak sedar

в безсъзнание

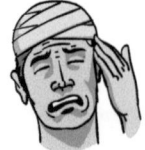

sakit

болка

kecederaan
нараняване

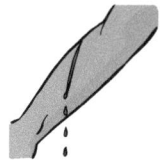

pendarahan
кървене

serangan jantung
инфаркт

strok
инсулт

alergi
алергия

batuk
кашлица

demam
температура

selesema
грип

cirit-birit
диария

sakit kepala
главоболие

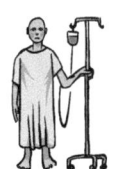

kanser
рак

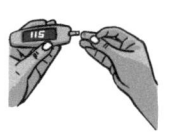

diabetes
диабет

pakar bedah
хирург

pisau bedah
скалпел

pembedahan
операция

CT

компютърна томография

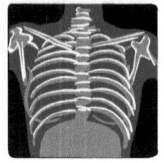

x-ray

рентген

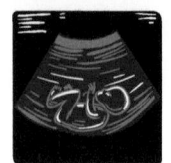

ultrabunyi

ултразвук

topeng muka

маска

penyakit

болест

bilik menunggu

чакалня

penongkat

патерица

plaster

пластир

pembalut

превръзка

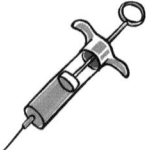

suntikan

инжекция

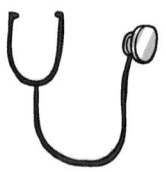

stetoskop

стетоскоп

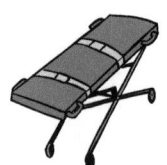

pengusung

носилка

termometer klinik

термометър

kelahiran

раждане

berat badan berlebihan

наднормено тегло

alat pendengaran

слухов апарат

disinfektan

дезинфекционно средство

jangkitan

инфекция

virus

вирус

HIV / AIDS

HIV / AIDS

perubatan

медицина

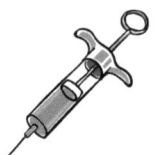

vaksinasi

ваксинация

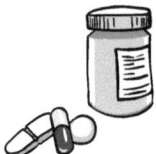

tablet

таблети

pil

противозачатъчна
таблетка

panggilan kecemasan

спешно телефонно
обаждане

pantau tekanan darah

апарат за измерване на
кръвното налягане

sakit / sihat

болен / здрав

Tolong!

Помощ!

penggera

сигнал за тревога

serang

нападение

serangan

атака

bahaya

опасност

pintu kecemasan

авариен изход

Api!

Пожар!

alat pemadam api

пожарогасител

kemalangan

злополука

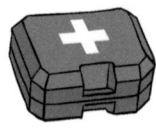

alat pertolongan cemas

комплект за оказване на
първа помощ

SOS

SOS

polis

полиция

Eropah

Европа

Amerika Utara

Северна Америка

Amerika Selatan

Южна Америка

Afrika

Африка

Asia

Азия

Australia

Австралия

Atlantic

Атлантически океан

Pasifik

Тихи океан

Lautan Hindi

Индийски океан

Lautan Antartik

Южен ледовит океан

Lautan Artik

Северен ледовит океан

Kutub utara

Северен полюс

Kutub Selatan

Южен полюс

Antartika

Антарктида

bumi

Земя

tanah

суша

laut

море

pulau

остров

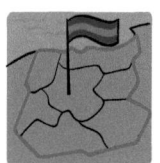

negara

нация

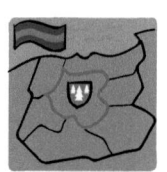

negeri

държава

muka jam

циферблат

tangan jam

стрелка на часовете

tangan minit

стрелка на минутите

terpakai

стрелка на секундите

Jam berapa sekarang

Колко е часът?

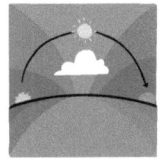

hari

ден

masa

време

sekarang

сега

jam digital

дигитален часовник

minit

минута

jam

час

minggu
седмица

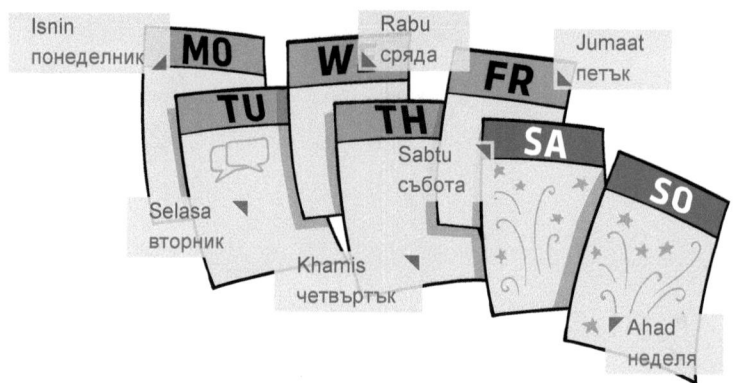

Isnin
понеделник

Rabu
сряда

Jumaat
петък

Selasa
вторник

Sabtu
събота

Khamis
четвъртък

Ahad
неделя

semalam

вчера

hari ini

днес

esok

утре

pagi

сутрин

tengah hari

обед

petang

вечер

hari kerja

работни дни

hari minggu

уикенд

tahun

година

hujan
дъжд
pelangi
дъга
angin
вятър
salji
сняг
musim bunga
пролет
musim panas
лято
musim luruh
есен
musim salji
зима

4.APRIL 11°
5.APRIL 4°
6.APRIL 13°
7.APRIL 8°
8.APRIL 10°

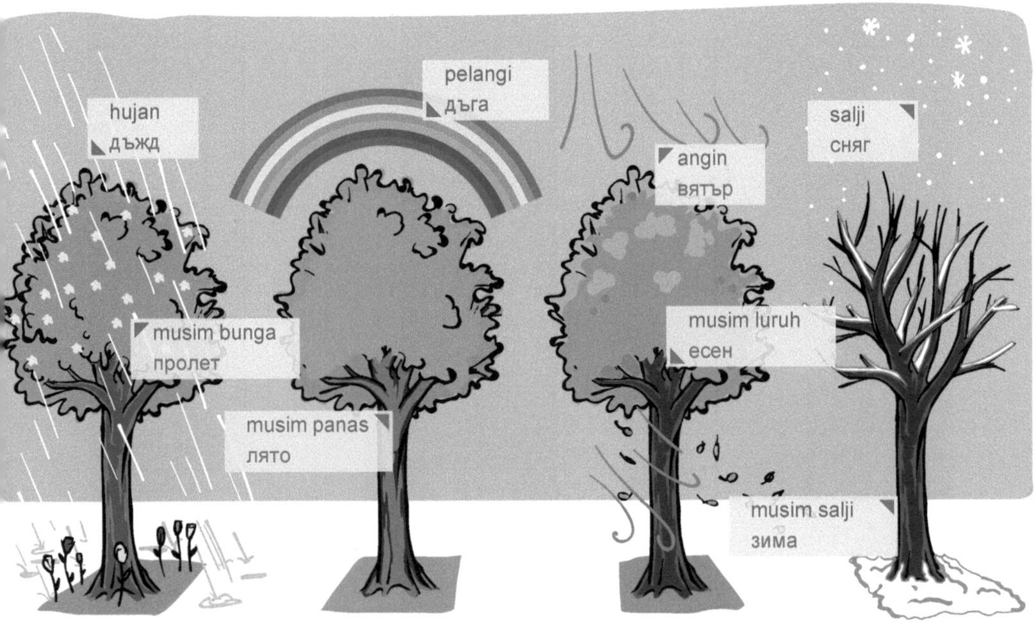

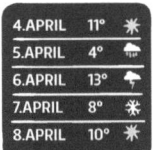

ramalan cuaca

прогноза за времето

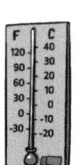

termometer

термометър

sinar matahari

слънчева светлина

awan

облак

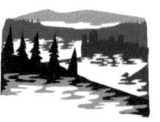

kabus

мъгла

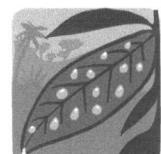

lembapan

влажност на въздуха

kilat

светкавица

petir

гръмотевица

ribut

буря

hujan batu

градушка

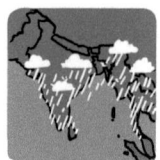

monsun

мусон

banjir

наводнение

ais

лед

Januari

януари

Februari

февруари

Mac

март

April

април

Mei

май

Jun

юни

Julai

юли

Ogos

август

September
....
септември

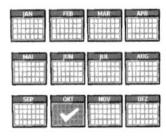

Oktober
....
октомври

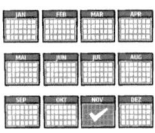

November
....
ноември

Disember
....
декември

bentuk

форми

bulatan
....
кръг

petak
....
квадрат

segi empat tepat
....
четириъгълник

segitiga
....
триъгълник

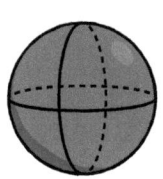

sfera
....
сфера

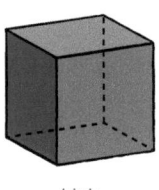

kiub
....
куб

putih

бял

kuning

жълт

oren

оранжев

merah jambu

розов

merah

червен

ungu

лилав

biru

син

hijau

зелен

coklat

кафяв

kelabu

сив

hitam

черен

banyak / sedikit

много / малко

marah / tenang

ядосан / спокоен

cantik / hodoh

красив / грозен

bermula / tamat

начало / край

besar kecil

голям / малък

terang / gelap

светъл / тъмен

abang / kakak

брат / сестра

bersih / kotor

чист / мръсен

lengkap / tidak lengkap

пълен / непълен

hari / malam

ден / нощ

mati / hidup

мъртъв / жив

luas / sempit

широк / тесен

boleh dimakan / tidak boleh
dimakan

ядлив / неядлив

jahat / baik

сърдит / любезен

teruja / bosan

развълнуван / скучаещ

gemuk / kurus

дебел / тънък

pertama / terakhir

най-напред / най-накрая

kawan / musuh

приятел / враг

penuh / kosong

пълен / празен

keras / lembut

твърд / мек

berat / ringan

тежък / лек

lapar / dahaga

глад / жажда

sakit / sihat

болен / здрав

menyalahi undang-undang /
undang-undang

нелегален / легален

pintar / bodoh

интелигентен / глупав

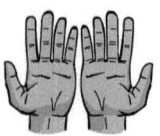

kiri / kanan

ляво / дясно

dekat / jauh

близо / далече

baru / lama

нов / употребяван

tiada / sesuatu

нищо / нещо

tua / muda

стар / млад

hidup / mati

вкл. / изкл.

terbuka / tertutup

отворен / затворен

diam / bising

тих / силен (звук)

kaya / miskin

богат / беден

betul / salah

правилен / погрешен

kasar / halus

грапав / гладък

sedih / gembira

тъжен / щастлив

pendek / panjang

дълъг / къс

lambat / laju

бавен / бърз

basah / kering

мокър / сух

panas / sejuk

топъл / студен

berperang / berdamai

война / мир

nombor

числа

0

sifar

нула

1

satu

едно

2

dua

две

3

tiga

три

4

empat

четири

5

lima

пет

6

enam

шест

7

tujuh

седем

8

lapan

осем

9

sembilan

девет

10

sepuluh

десет

11

sebelas

единадесет

12

dua belas

дванадесет

13

tiga belas

тринадесет

14

empat belas

четиринадесет

15

lima belas

петнадесет

16

enam belas

шестнадесет

17

tujuh belas

седемнадесет

18

lapan belas

осемнадесет

19

Sembilan belas

деветнадесет

20

dua puluh

двадесет

100

ratus

сто

1.000

ribu

хиляда

1.000.000

juta

милион

Bahasa Inggeris

английски

Bahasa Inggeris Amerika

американски английски

Bahasa Cina Mandarin

китайски мандарин

Bahasa Hindi

хинди

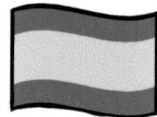

Bahasa Sepanyol

испански

Bahasa Perancis

френски

Bahasa Arab

арабски

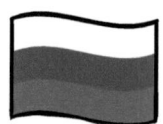

Bahasa Rusia

руски

Bahasa Portugis

португалски

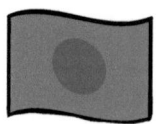

Bahasa Benggali

бенгалски

Bahasa Jerman

немски

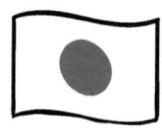

Bahasa Jepun

японски

saya

аз

anda

ти

dia / dia / ia

той / тя / то

kita

ние

anda

вие

mereka

те

siapa?

кой?

apa?

какво?

bagaimana?

как?

di mana?

къде?

bila?

кога?

nama

име

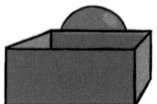

belakang

зад

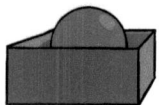

dalam

в

di hadapan

пред

lebih

над

pada

върху

di bawah

под

bersebelahan

до

antara

между

tempat

място